너가 있어 행복해
우리가 있어 **더** 행복해
오늘이 있어 행복해
내일이 있어 **더** 행복해

# 작은 속삭임
## 큰 울림

초판 1쇄 발행 | 2024년 5월 27일

**지은이** 박태환
**펴낸이** 최현종
**펴낸곳** 이코노미타임21
**편집디자인** 장희정

**주소** (21119) 인천 계양구 작전동 388-2 동보 102동 203호
**Tel** 02)707-1847

**출판등록** 2021년 2월 16일 제2021-000006호
**인쇄제본** 금강인쇄기획
**ISBN** 979-11-973890-4-7(03000)

※ 이 책의 저작권은 (주)미친(美親) 울림 캠퍼스에 있으며 저작물은 저작권법에 따라 보호를 받는 바 무단전재, 재배포 및 복제를 금지합니다

**독자 의견** e-mail tt29@naver.com
**값** 17,000원

# 작은 속삭임
## 큰 울림

생활의 발견
호탕한 웃음

# *Who is*

## (주)미친(美親) 울림 캠퍼스 **박태환 대표**

박태환 대표는 기장 차오름 태권도 관장을 맡고 있는 가운데 태권도 교육의 발전을 위해 (주)미친(美親) 울림 캠퍼스를 설립, 안으로는 유소년들의 밝은 미래를 위해 특화된 교육 프로그램을 운영하고 있으며 밖으로는 자신의 성공 노하우를 태권도 지도자들에게 전수하는 등 다각적인 행보를 이어가고 있다.

이번 2집 '작은 속삭임 큰 울림'에 앞서 '미친(美親) 울림 스승의 삶'을 출간하며 세간의 화제를 모았다. 평소 청출어람(靑出於藍)을 꿈꾸는 스승의 모습으로 우리 곁에 다가서는 그는 제자들이 자신을 뛰어넘는 태권도인으로 성장하기를 바라며, 끊임없는 노력과 헌신으로 그들의 잠재력을 키우기 위해 힘쓰고 있다.

포스트21 뉴스 자문위원으로 언론인의 사명을 다하고 있다. 대외 수상 이력으로는 체육진흥 대상, 국회문화체육관광위원장 표창장 외 다수의 수상을 안았으며 MBN 생생 정보마당 '태권도를 통한 행복감 증진' 출연 등으로 태권도 교육문화의 저변확대에 기여하고 있다.

【 프롤로그 Prologue 】

# "지견(智見)의 힘이여! 우리의 자녀를 지혜로운 길로 인도하소서!"

"바야흐로 어느 새 2024년 봄과 여름의 사이에 서 있습니다" 현재 우리 사회는 급속도로 문명의 발전이 이뤄지고 있습니다. 불과 25년 만에 1인 휴대폰 소유의 시대를 열었으며 과거에는 상상도 못할 인터넷의 세상이 도래했습니다.

향후 5년내에 하늘을 나는 자동차가 출시 한다고 하는 가운데 일부 지식인들은 세상의 속도가 너무 빠르다고 우려합니다. 우리의 지식은 발전하지만 그만큼 감성 지수는 따라가지 못한다는 뜻이죠.

미래의 꿈나무들이 이같은 문명을 제대로 이해하고 적응하기 위해서는 세상을 바라보는 새로운 시선이 필요하다고 생각했습니다.

특히, 근현대사 이후 산업화 시대를 맞아 세상은 살기 좋아졌지만 한편으로는 양극화 시대로 인한 사회적 갈등도 분명히 존재합니다.

이 모든 것이 우리의 MZ 세대를 비롯해서 자라나는 아이들에게 어떠한 영향을 줄지 필자는 많은 걱정과 고민을 했기에 사회의 기성세대로서, 또한 아이들의 미래를 바른 길로 인도하는 지도자의 입장에서 작은 도움이 되고 싶어 두 번째 저서를 출간하게 됐습니다.

생활의 주변에서 쉽게 볼 수 있는 아무리 작은 것이라도 그 안에 내재돼 있는 깊은 뜻을 통찰해 사물을 보는 힘을 키워가고 나아가 자신의 세계관을 올바르게 정립해 가는 건강한 아이들을 위해 책의 제목을 '작은 속삭임 큰 울림'으로 정했습니다.

부디, 이 한권의 책이 수 많은 독자들과 아이들의 마음에 따뜻한 교훈을 주고 나와 남을 초월해 '모두가 하나 되는 세상', '모두가 웃는 세상', '지금 이대로가 좋은 세상'에 기여하길 염원합니다. 감사합니다.

(주)미친(美親) 울림 캠퍼스 박태환 대표

# CONTENTS

**프롤로그** | "지견(智見)의 힘이여!
　　　　　　우리의 자녀를 지혜로운 길로 인도하소서!"

**에필로그** | 좁은 길(흙수저), 큰길(금수저)

## 1교시 : 흰띠
## 내잎이 더 기대 되는 이유

**강의 주제 : 소소한 일상에서 얻는 지혜**

**성찰** 알수록 큰 힘 · **15**
**선풍기** 조용한 선행 · **16**
**스승** 스승이 제자, 제자가 스승 · **18**
**신문** 아침마다 행복 배달 · **20**
**신호등** 멈추면 모든 것이 보인다 · **22**
**신발** 너의 신발이 되어줄게 · **24**
**용기** 용기는 가까이 있어 · **25**
**우정** 지금 좋은 씨앗 뿌릴까 · **26**
**일기장** 훗날 지금이 궁금하다면 · **28**

**새벽이슬** 이슬처럼 영롱한 너 · **30**
**호기심** 궁금하면 알아봐 · **31**
**폭포** 거침없는 행보 · **32**
**휴대폰** 세상을 한눈에 · **34**
**구름** 걸림없는 라이프 · **36**
**자신감** 내가 슈퍼맨 · **37**
**고전** 전통에서 배우기 · **38**
**대화** 유익한 속닥속닥 · **40**
**라이벌** 든든한 친구 · **42**
**최선** 최고보다 최선을 · **44**
**방문** 초대받아 행복 · **46**

## 2교시 : 노란띠
## 푼푼한 하루

강의 주제 : 지금 이 순간이 너무 좋아

**이름** 내 이름은 거룩해 · 51
**청결** 기분 좋은 하루 · 52
**안경** 눈 친구 고마워 · 54
**종이 한장** 내 꿈이 현실로 · 56
**페이스북** 양면성 알기 · 58
**음식** 맛있는 소통 · 59
**시간** 지금 몇 시야 · 60
**무지개** 다양한 추억 만들기 · 62
**배우자** 미래를 향한 동행 · 63
**선진국** 공정한 선진사회 · 64
**연필** 내 손에 몽당연필 · 65
**지우개** 지우는 건 간단해 · 66

**챔피언** 도전자의 기쁨 · 68
**편식** 나쁜 습관 편식 · 70
**등대** 내가 빛이 되어줄게 · 72
**발자국** 잠깐 돌아보기 · 74
**취미** 생활의 즐거움 · 75
**정거장** 만남과 이별의 장소 · 76
**다이아몬드** 세상을 환하게 · 78
**편지** 손 편지는 감성 · 80
**AI 인공지능** 감성 지능 창조 · 82
**도시락** 엄마의 사랑 · 84
**우주선** 동심의 세계 · 85

# 3교시 : 파란 띠
## Go Go 씽 ~

**강의 주제 : 내 존재감 키우기**

마술 마술 부려볼까 · 89
악기 감정 표현 도구 · 90
저녁노을 내일도 태양은 뜬다 · 92
과학 탐구하는 마음 · 94
동그라미 동그란 꿈 · 95
메모 유쾌한 기록 · 96
태권도복 정의의 날개 · 98
종이학 여여한 모습 · 100
오케스트라 웅장한 위엄 · 101
거북이 가장 빠른 느림보 · 102

삼국지 영웅들의 지혜 · 104
양심의 소리 내면의 메아리 · 106
아침 눈부신 하루 · 108
시골 마음의 안식처 · 109
숫자 너의 숫자는? · 110
퍼즐 우정의 조각찾기 · 112
누구? 존재의 소중함 · 113
가족 따뜻한 품 · 114
기억 기억을 기억하기 · 116
휴머니스터 내 마음 넓히면 돼 · 118
브랜드 나의 가치는? · 120
변함과 변화 다르면서 비슷 · 122
기타 너를 위한 연주 · 124

# 4교시 : 빨간 띠
## 달빛 그림자

**강의 주제 : 꽃보다 아름다운 너**

포옹 값진 온기 · 129
아뿔사 아~차 하하 · 130
엉뚱 난 에디슨, 아인슈타인 · 132

확장성 내면의 깊이 · 134
침묵 자아 발견하기 · 136
인내력 극복의 위대함 · 138

눈 하얀 세상 · **140**
묵언 듬직한 말 · **141**
저금통 나는 저축왕 · **142**
비밀요원 007 태권도 영웅007 · **143**
칭찬 너는 최고야! · **144**
강철 불굴의 투지 · **146**
비타민 누구나 꼭! · **148**
타잔 정글의 리더 · **149**
약속 무한한 신뢰 · **150**
균형 한쪽이 쏠린다면 꽈당! · **152**
심부름 칭찬 듣기 · **153**
자만 겸손한 내 모습 · **154**
비빔밥 맛도, 인생도 일품 · **156**
낚시 성공을 낚다 · **157**

형제 첫 번째 친구 · **158**
절약 낭비의 탈출 · **159**
우체통 손 편지 쏙 · **160**
파라다이스 대자연의 숨결 · **161**
3인 3색 우린 삼총사 · **162**

# 5교시 : 검정띠
## 행복의 귀환

강의 주제 : 통찰력 키우기

거울속의 나와의 대화 · **167**
바람의 언어를 이해하는 법 · **168**
학교의 노래 그리운 교실 · **169**
무인도에서 혼자 산다면 · **170**
생일 오늘 생일 축하해~ · **171**
시인과 원시인 유쾌한 만남 · **172**

# 1교시 : 흰띠

## 내일이 더 기대 되는 이유

강의 주제 : 소소한 일상에서 얻는 지혜

# 성찰

## 알수록 큰 힘

나의 마음 깊은 곳에 무엇이 있을까!

내가 좋아하는 것은?
내가 미워하는 것은?

잠시 멈춰진 시계처럼, 고요히
내 자신을 돋보기로 확대해 보기
알고 보니 나도 모르는 나의 관념이
분별심을 키웠다는 것을.

이제 알았으니 분별심 없애기

# 선풍기

**조용한 선행**

여름날, 뜨거운 햇살 아래
선풍기는 조용히 그 자리를 지키네.

부드럽게 바람을 일으켜
시원함을 우리에게 전해주지.

이 바람은 더위 속 작은 위안

귓가를 스치는 시원한 약속.

한 줄기 바람이 가르치는 것은
조용히, 꾸준히 이로움을 베푸는 법.

바람처럼 우리도 누군가의 삶에 조용히
들어가 소소한 시원함을 줄 수 있어.

큰 소리 없이, 보이지 않게
사람들의 마음을 어루만지는 것.

네가 나누는 작은 친절이 누군가에겐
큰 힘이 되어 준다.

세상을 조금 더 나은 곳으로 만들 수
있음을 잊지 말아라.

**스승이 제자, 제자가 스승**

지식의 씨앗을 심는 이
그 이름은 스승.

가르침의 빛 아래 우리는 자란다.

지혜의 열매가 익어가는 것처럼.

배움의 길 위에서 스승은 등불
어두운 밤길을 환히 밝혀주는 존재.

스승의 말 한마디, 한마디가
우리의 내일을 이끄는 나침반.

존경하는 마음으로 스승을 바라보라.

스승의 경험과 지혜에서 배우며
감사의 마음을 잊지 말고
그 사랑과 헌신을 가슴에 새겨라.

우리가 나아가는 길에
스승의 가르침이 언제나 함께하리.

그 지도를 따라 깨달음을 얻으며
배움의 끈을 놓지 않는 삶을 살아라.

스승의 날에는 더욱 그 은혜를 기리며
스승과 제자, 함께 성장해 나가자.

# 신 문

**아침마다 행복 배달**

아침마다 창가에 앉아 은은한

빛 속에서 넘기는 페이지 소리.

신문 사이사이 숨은 이야기들

그 속에서 세상을 읽어내는 너.

글자들이 펼쳐내는 광경 속으로

눈을 크게 뜨고 세상을 들여다보네.

잔잔히 흐르는 강물처럼

세상의 속삭임을 귀 기울여 듣는다.

한 줄 한 줄이 마음에 새겨지며

진실과 오해 사이를 넘나들지.

세상을 바라보는 너의 눈은

한 장의 신문에서 시작되어

무한한 이해로 펼쳐진다.

우리가 보는 것이 전부가 아니야

때로는 그 너머를 읽어내야 하니

신문 한 장에 담긴 사실 너머로

더 넓은 세상을 상상하게 하네.

이 소중한 눈으로

세상을 너그럽게, 깊이 있게 바라보렴.

아침에 눈을 뜨면 새로운 소식이

널 기다린다.

항상 우리 곁에 있는 신호등
빨강 · 노랑 · 초록의 언어로 말을 건네

저마다 색깔은 교훈이 있지!
우리에게 순서와 때를 가르쳐 준다.

초록빛은 힘차게 나아갈 때
세상을 향해 꿈을 펼칠 시간.

노랑빛은 잠시 발걸음을 멈추게 해
주변을 살피며 다음 행동을 준비하지.

신호등
멈추면 모든 것이 보인다

빨강빛은 모든 움직임을 정지시켜
우리에게 멈춤의 가치를 알려준다.

숨을 깊게 들이쉬고, 주변을 둘러보며
잠시 세상과 조화를 이루는 시간.

세 가지 빛은 우리 삶의 리듬을 만들어
시간과 공간 속에서 질서를 찾게 해.

신호등처럼, 우리도 삶의 질서를 배우자.

문 밖에 나갈 때 먼저 하는 일은?
집안에 들어 갈 때 먼저 하는 일은?

바로 신발을 신고 벗고 하지

저 먼 곳
험한 곳을 가리지 않고
나와 동행해 주는 신발

우리가 아프고 힘든 사람들의 신발이
되어 주면 어떨까!

신발 신고 신나게 뛰어 보자!

**너의 신발이 되어줄게**

# 용기
**용기는 가까이 있어**

용기란 거창한 것이 아니야
새로운 것을 시도하고

때로는 작은 일상적인 도전으로
그 순간을 즐기는 것.

친구에게 첫 말을 건네거나
어려운 문제에 도전할 때

너의 내면을 살펴봐!
분명히 용기를 발견할 거야!

그 순간, 너는 이미 승자란다.

용기는 한 번에 완성되지 않아
매일 조금씩 키워가는 것.

실패는 성공의 친구야!

# 우정

**지금 좋은 씨앗 뿌릴까**

함께 웃고 함께 우는
그런 친구 한 명이 있어.

서로의 삶 속 깊이 자리 잡아
희망의 빛을 밝혀주는 사람.

네가 넘어질 때 손 내미는 이
그림자처럼 너와 함께하는 존재

우정이란, 서로의 마음을 열고
진심을 나누는 것에서 시작된다.

오해와 편견이 찾아와도
용서와 이해로 다시금 다져지는 것.

친구야, 너의 길을 걷는 동안
항상 네 곁을 지키겠다는 약속

진심의 씨앗이 어떻게 싹 트는지
함께 동행하며 깨달아가는 우정.

진심을 다해 사랑하고, 마음을 열어라.

## 훗날 지금이 궁금하다면

매일 기록하는 작은 책, 일기장에
속삭이는 너의 생각과 꿈들.

마음의 흔적을 한 줄 한 줄 적으며
자신을 성찰하는 시간을 가져보렴.

종이 위에 흐르는 펜의 움직임 속에서
진실된 너를 만나게 될 거야.

오늘 느낀 기쁨, 슬픔, 고민까지
모두가 너를 성장시키는 귀중한 순간.

일기는 너만의 비밀스러운 친구

너의 감정과 생각을 자유롭게 펼치고
그 속에서 스스로를 더 깊이 이해하길.

반성과 성찰의 연속된 과정 속에서
자신의 감정과 행동을 되돌아 보아라.

이러한 깊은 사색이 결국 너를
더 넓은 세상으로 인도할 것이니

제자여, 일기를 통해
매일을 진실되게 성찰하고

너의 감정과 생각이 무르익어
파란 삶의 결실을 맺어라

# 새벽 이슬

**이슬처럼 영롱한 너**

새벽 이슬은 맑고 투명함의 상징.

삶에 새로운 활력을 불어 넣는다.

무언가 새롭게 시작할 준비를 갖추게 해준다.

대지를 적시며 새로운 생명력을 부여한다.

작은 물방울이 모여 큰 변화를 이룬다.

우리의 삶에 소중한 감사와 기대를 안겨준다.

새로운 가능성과 희망을 열어준다.

호기심은 마치 마법 같은 창이야.
세상을 새롭게 보게 해주는 눈이지.

물음표를 따라가면 모험이 시작 돼.
지식의 보물을 찾아 나서게 돼.

왜 하늘은 파랗고
별은 무엇으로 이뤄졌을까?

궁금증이 많을수록 세계는 더 넓어져.

매일매일 새로운 것을 배우며
호기심은 위대한 발견으로 이끌어.

질문을 두려워하지 말고
탐험을 떠나보자.

**궁금하면 알아봐**

**거침없는 행보**

산꼭대기에서 시작된 물줄기
자연의 힘을 빌려 세상을 내려다본다.

용감하게 절벽을 넘어 흐르고
그 위엄 있는 폭포가 되어

소리 높여 지상에 메아리치는 울림.

물은 높은 곳에서 낮은 곳으로
자연의 법칙을 따르며 흘러가지.

폭포처럼 때론 우리 삶도
거칠고 험난한 길을 겪으며
새로운 깊이를 향해 나아가네.

폭포의 거친 물살 속에서도
은은하게 빛나는 무지개를 발견하듯

어려움에서도 희망의 빛은 숨어 있어.

각자의 인생에서 그 빛을 찾아내어
어둠 속에서도 길을 잃지 않길.

폭포가 그 위대한 여정을 견디듯
인내와 용기로 삶의 도전을 마주하라.

항상 너의 내면의 힘을 믿으며
끝없이 흘러가는 강인함을 간직해라.

높은 폭포의 위엄을 기억하라.

너도 큰 도전 앞에 위엄 있게 서서
삶이라는 강을 따라 항상 앞으로 정진.

자연과 같은 끊임없는 아름다움을
찾아가길 바란다.

**세상을 한눈에**

너의 손 안에 작은 창이 있어
그 창으로 너는 끝없는 세계와 연결된다.

휴대폰의 빛나는 화면 너머
온 인류의 지식과 문화가 숨 쉬고 있네.

이 작은 기기 하나로 너는
대양을 건너 친구의 목소리를 듣고
산 너머 새로운 발견에 감탄하며

새로운 눈을 뜬다.
하지만 잊지 말거라
기술의 놀라운 힘 뒤에는 위험도 숨어 있다.

화면 속의 세상에 너무 빠지면
현실의 소중한 순간들을 놓친다.

휴대폰은 너를 세상과 이어 주지만
그것만이 유일한 길은 아니야.

때로는 화면을 내려놓고
너의 눈과 마음으로 직접 세상을 체험하라.

사랑하는 이와의 대화
자연의 아름다움 속 산책

네 손으로 만지고 느끼는 모든 것들
이것들이 진정한 세상과의 연결이란다.

휴대폰은 생활의 도구일 뿐

삶을 풍요롭게 할 수 있는 진정한 수단은
일상에서 마음과 마음이 만날 때 완성되니

세상을 깊고 넓게 탐험하라!

하지만 가장 중요한 연결은 항상 네 가슴 안에
있음을 잊지 말거라.

**걸림없는 라이프**


하늘을 자유롭게 떠도는 구름
바람에 따라 모양을 바꾸며 자유롭게 움직인다.

때로는 작은 구름이 되어 푸른 하늘을 덮고
때로는 비가 되어 땅을 적셔주네.

구름은 하늘 위를 자유롭게 떠도니
어떠한 장애물에도 막히지 않고 계속해서
앞으로 나아간다.

우리도 구름처럼 삶의 도전에 직면했을 때
지혜롭게 행동하면서도 겸손한 자세를 유지하면
어려움을 극복할 수 있어~

제자들아! 구름처럼 유연하게 하루하루를 보낸다면
행복은 항상 너희들 곁을 떠나지 않을 거야.

# 자신감

**내가 슈퍼맨**

자신감은 내 안의 큰 에너지.
나를 강하게 만들어주는 원천.

어려운 도전에도 두려움 없이
나아갈 수 있게 도와주는 친구.

자신감은 성공의 화신이야!

나를 새로운 경험으로 이끈다.
더 멀리 나아갈 수 있는 종이 비행기.

더 높은 곳으로 올라가는 풍선.
나의 무한한 가능성을 보여주는 보석.

**전통에서 배우기**

오래된 책장 너머, 고전이 속삭이네.
세월을 거쳐 온 지혜의 목소리를 들어볼까.

이야기 속에 숨겨진 교훈들
오늘날 우리에게도 여전히 의미 있는 이유

플라톤의 철학에서, 셰익스피어의 연극까지

고대의 사상가들이 남긴 통찰을 탐구하며
그들의 생각이 어떻게 시대를 초월해

우리 삶의 길잡이가 되는지 알아가자.

문자로만 쓰여진 이야기 속에서
인간 본성의 깊은 이해를 발견할 수 있어.

사랑, 용기, 정의, 배신의 이야기를 통해
진정한 지혜를 우리 마음 속에 새기자.

고전은 단순한 이야기가 아니야
과거로부터 전해지는 삶의 경험이지.

그 속에서 끊임없이 배우고, 생각하고
자신만의 해석으로 삶을 풍요롭게 하길 바래.

책을 펼치고 고전의 바다에 빠져보자.

그 안에서 우리는 더 넓은 세상을 만나
오랜 세월 동안 인류를 이끌어 온

영원한 진리를 하나씩 찾아낼 수 있을 거야.

어디론가 벗과 떠나는 여행
대화의 길은 두 마음을 잇는 다리.

우리는 서로 다른 배경을 가졌지만
서로의 시선을 바라보고 소통한다.

대화의 기술은 서로의 의견을 공유하고
이해하는 능력을 포함하며

특히, 서로간의 존중이 필요하다.

듣기의 예술을 먼저 배우자
진심으로 상대의 이야기에 귀 기울여라.

**유익한 속닥속닥**

마음으로 들어라!

말하기 전에 한 번 더 생각하고
네 마음의 소리를 차분히 전달하라.

말은 때로는 따뜻한 위로가 되고
때로는 격려의 꽃이 되어
상대의 마음에 용기를 준다.

대화는 그 자체로 행동이며, 영향력
갈등의 순간에는 더욱 빛을 발하지.
부드러운 말로 긴장을 풀어 봐!

대화 속에서 상대를 존중하고
그들의 의견에 가치를 공유하자.

너의 말이 너의 세계를 만들고
너의 행동이 너의 가치관을 만든다.

더 나은 세상을 향해 나아가자.

# 라이벌

**든든한 친구**

라이벌, 그들은 너의 거울
알고보면 너의 성장을 돕는 존재.

경쟁의 무대에서 서로를 마주할 때
너를 더욱 단단하게 만들어 준다.

너의 라이벌을 경계의 대상이 아닌
배움의 원천으로 받아들여라.

그들의 우수함을 통해 나를 성찰하고
그들이 너를 뛰어넘을 때마다

더 높이 날아오르자.

함께 경쟁하며 서로를 도모하는 것
친구 이상의 소중한 관계를 맺는 것.

승리보다 중요한 것은, 그 과정 속에서
서로의 한계를 넓혀가는 동반 성장이니

너의 라이벌을 존중하며
그들의 성취를 기꺼이 성원하자.

공정한 경쟁을 통해, 품격을 잃지 않고
자신의 기량을 갈고닦는 것에 집중하자.

제자여, 이 아름다운 경쟁을 즐겨라.

함께 발전하며 서로의 빛을 밝혀주고
함께 빛나는 별이 되자.

**최고보다 최선을**

최고가 되기 위한 경쟁 속에서
숨가쁘게만 느껴질 때가 있어.

하지만 기억해, 제자여.

진정 중요한 것은 '최선'을 다하는 것이야.

최고는 한 사람에게만 주어지는 타이틀
하지만 최선은 누구나 선택할 수 있는 길.

너의 노력과 열정 그리고 인내
이 모든 것이 네가 최선을 다하는 증거다.

매 순간에 너의 전부를 쏟아부을 때
네 발자국은 더욱 무거운 의미를 갖게 돼.

실패해도 괜찮아, 네가 최선을 다했다면
그 경험은 다음 성공의 다리가 되니까.

최고를 향해 달리는 것도 멋진 일이지만
그 길 위에서 최선을 다하는 너를 발견할 때

진정한 성장이 시작되고
그 성장이 너를 어디로든 이끌 수 있어.

제자여, 항상 너의 능력을 믿으며
무엇을 하든 최선을 다하는 삶을 살아가라.

그리고 언젠가 뒤돌아보면
너 자신이 최고가 되어 있을 거야.

그것이 바로 너의 최선이 빚어낸 결과니까.

**초대받아 행복**

타인의 집은 그들의 사적인 세계
그 공간에 초대받은 것은 기쁜 일.

그들의 신뢰에 대한 답례로
존중과 예의를 갖추어 행동하자.

도착하기 전에 반드시 시간을 알리고
늦을 것 같다면 사전에 통보하는 것이 예의.

방문할 때 작은 선물이라도 드리면
그 집안에 기쁨을 더하니
감사의 마음을 표현하자.

집주인의 안내에 따라 행동하며
그 공간의 물건을 소중히 다루어라.

불편함을 느끼더라도
불만을 표현하기보다는

항상 긍정적이고 감사한 태도를 유지하자.

식사가 제공된다면, 음식을 남기지 말고
맛있게 먹는 모습을 보이는 것이 좋으며

식사 후에는 감사의 말을 잊지 말고
집안일을 돕는 것도 좋은 인상을 남긴다.

제자여, 타인의 집을 방문하는 것은
그들과의 관계를 더욱 돈독히 하는 기회이니

그 시간을 통해 서로의 존중이 깊어지길 바란다.

# 2교시 : 노란띠

## 풋풋한 하루

강의 주제 : 지금 이 순간이 너무 좋아

# 이름
**내 이름은 거룩해**

우리가 태어나면서 받는 소중한 선물.
나 자신을 상징하는 중요한 이름.

부모님은 우리에게 이름을 지어주면서
무한한 사랑을 보여 주셨다.

이름은 우리가 세상에 나서는 첫걸음
우리가 세상에 기억되고 싶은 추억.

자신의 이름을 자랑스럽게 여겨야 하며
그 이름이 빛나기 위해 노력해야 해.

# 청결
## 기분 좋은 하루

청결은 우리 삶의 기초.
건강은 깨끗한 환경에서 나오지.

손을 씻고, 공간을 정돈하며
마음까지 맑게 하는 습관을 가져라.

창문을 열고 신선한 공기를 들이고
바닥의 먼지를 쓸어내면

마음도 함께 맑아지는 기분을 느껴.

깨끗한 환경에서는 생각도 명료해지고
모든 일이 잘 풀리는 듯해.

청결은 단순한 정리 정돈을 넘어
자신의 몸과 마음 그리고 살아가는 공간을
아끼고 사랑하는 첫걸음이지.

맑은 물에 손을 담그듯
일상 속 작은 청결을 통해
건강과 행복을 만들자.

이 작은 습관이 모여
훗날 너의 삶을 빛나게 만들어 줄 테니

제자여, 오늘도 청결을 실천하여
너의 삶을 깨끗하고 밝게 빛내길 바라네.

세상을 바라보는 창
그것이 안경이라네.

흐릿한 것들을 분명하게 보여 주는 도구.

너의 눈에 얹혀 세상을 또렷이 보게 하고
일상의 모든 색을 더욱 선명하게 칠해주지.

안경은 보는 것을 넘어, 보이는 것을 이해하게 해.

작은 글씨, 먼 풍경까지도 세밀하게 관찰하도록
그렇게 세상을 보는 너의 시각을 넓혀주며
더 많은 것을 배우고, 더 깊이 생각하게 만들어.

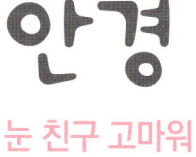

하지만 안경처럼, 우리의 인식도 때때로
조정이 필요하다는 것을 잊지 말아라.

잘못된 생각이나 오해는 렌즈를 닦듯이
깨끗이 지우고 다시 맑은 시각을 찾아야 해.

너의 안경이 먼지로 뿌옇게 되지 않도록
항상 관리하며 깨끗이 닦아줘야 하듯

너의 마음과 생각도 깨끗하게 유지하려고 노력해라.
그리고 매일 너의 세계를 더 넓고 깊게 바라보길.

이 작은 안경을 통해

보다 큰 세상을 보고, 더 많이 배우며
항상 네 마음과 눈을 밝고 맑게 유지하길 바라네.

# 종이 한 장

**내 꿈이 현실로**

하얀 종이 여백이 눈부시다.
그 공간에 어떤 꿈을 그릴까!

백지 상태에서 시작된 이야기를
어떤 글씨, 그림 또는 음표로
너의 생각과 꿈을 펼칠 수 있지.

이 작은 종이 한 장에는
무한한 가능성이 숨어 있어.

네가 상상하는 모든 것을 담을 수 있고
창조의 시작이 될 수 있으니!

하지만 종이를 사용할 때는
자원을 소중히 다루는 법을 기억하자.

쓰고 남은 종이를 재활용하여
지구를 보호하는 일에 동참하길.

종이처럼 우리 인생도 한 번 뿐이야.

그래서 네가 하는 모든 선택과 행동
실천하는 모든 생각이 중요해.

오늘 네가 종이에 쓰는 것처럼
신중하고 의미 있게 삶을 채워나가라.

종이 한 장에 너의 이야기를 쓸 때처럼
매 순간을 소중히 다루어라.

아름다운 추억을 그려나가길 바란다.

# 페이스북

## 양면성 알기

페이스북은 연결의 창!

그러나 진실과 허구가 혼재한다.
화면은 항상 진실만을 담지 않는다.

개인 정보 관리와 예의를 지켜야 한다.
정보의 다양성을 알아야 한다.

우리에게 맞는 목소리를 찾고
올바른 길을 걷는 지혜를 키워야 한다.

페이스북 속에서도 자신을 잃지 말자!

# 음식
### 맛있는 소통

음식은 사랑과 문화를 전하는 언어.

한 그릇의 음식에는 가족의 사랑이 듬뿍
어색한 분위기를 해소시켜 준다.

식탁은 소통과 나눔의 장소.
음식은 우리를 하나로 모아준다.

다양한 맛과 향이 함께 어우러져
문화의 다양성을 경험하게 된다.

음식은 특별한 순간을 남긴다.

**지금 몇 시야**

시간을 재는 작은 기계, 시계.
그 소리는 매 순간 우리를 상기시켜!

시간의 소중함을 그리고 흐름을.
시계의 끊임없는 째깍거림은 말하네.

모든 순간은 돌아오지 않는다고.
또, 지금 이 순간이 얼마나 소중한지를.

시계 바늘은 늘 앞으로만 움직여.

과거에 머무르지 않고 미래를 향해 나아가.
우리에게 계속 전진하라고 가르쳐 주지.

하지만 시계는 서두르라고 재촉하지 않아!

각자의 속도로, 각자의 시간에 맞추어
삶을 살아가라고 조용히 권유하네.

제자여, 시계를 보며 생각해라!

네가 사용하는 시간이 어떻게 흘러가고 있는지.
시간을 아껴 쓰고, 그 가치를 이해하며
네 삶의 시계를 현명하고 의미 있게 조절해라.

진정한 시간의 가치를 아는 이가 되어
시간을 너의 성장과 행복을 위해 사용하고

매 순간 열정적으로 살아가길 바란다.

# 무지개

**다양한 추억 만들기**

비 온 뒤 맑게 갠 하늘에
무지개가 찾아와 반짝이네.

일곱 색깔의 아름다움으로
다양성을 느껴보자.

비바람이 몰아쳐도 두려워 말고
인내를 잊지 말고 희망을 품어라.

삶의 무지개를 그려가며
다양성과 희망을 심어가길 바라네.

## 배우자
### 미래를 향한 동행

배우자란 함께 꿈을 이루는 동반자.
진정한 사랑은 진심이 중요하단다.

바다보다 넓은 마음으로 이해해주고
하늘보다 높은 마음으로 포용하며

별 보다 빛나는 마음으로 사랑하기!

서로를 지지하고 믿음으로 가득 채워가면
그 마음이 우리의 행복을 이끌어간다.

# 선진국

**공정한 선진 사회**

선진국은 경제력뿐 아니라
사회 정의와 교육, 복지를 통해
인간의 존엄과 평화를 실현한다.

우리도 그들의 길을 따라가며
공정함과 환경의 존중을 배워야 한다.

정의와 평등이 넘치는 사회로
세계가 하나로 연결되기를 기대한다.

함께 성장하고 번영하는 미래를 향해!

연필 한 자루 손에 쥐고
내가 꿈꾸는 세상을 그리네.

연필의 흔적이 향수를 부른다.
내 손길이 표현하는 꿈의 세계.

동경의 이야기를 종이 위에 펼치고
생생한 상상을 현실로 이끌어

나만의 이야기를 연필로 써내려 가네.

내가 이루고 싶은 꿈을 종이에 전하는
따듯하고 소중한 시간!

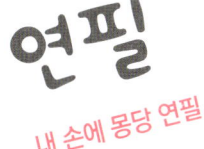

내 손에 몽당 연필

# 지우개
**지우는 건 간단해**

지나 간 일 중에서 후회가 있다면
지우개로 깨끗이 지워볼까!

실수는 모두가 가끔하는 일.

인생을 수정할 수 있고
오류도 바로잡을 기회를 준다.

모두가 실수하고, 그것을 통해 배운다.

작은 지우개가 알려주는 것은
바로 긍정의 힘.

잘못된 선택은 고칠 수 있고
다시 시도할 수 있다.

두려워하지 말고 실패를 경험으로
삼아 나아가자!

이제부터 새롭게 시작할 수 있다.

실패를 두려워하지 말고, 도전하자!
지금이 새로운 시작의 기회다.

모든 일은 새로운 가능성의 시작!
상처가 있다면 지우개로 깨끗이 치유하자.

# 챔피언

## 도전자의 기쁨

챔피언의 길은 항상 꽃길만이 아니야!
화려한 승리로만 가득 차 있지 않아.

때로는 좌절감도 느낄 수 있어!
한편으로 모든 일이 술술 풀리면
오히려 그것이 이상한 거야!

성공과 실패는 하나의 과정일 뿐.
그러나 그것이 성장의 시작이지!

오류와 실패에서 배우고
앞으로 끝없이 나아가는 것!

진정한 챔피언의 모습이야!

챔피언은 어려움을 극복하고
계속해서 도전하는 사람이란다.

무엇보다 중요한 것이 있는데
항상 자신을 믿고 멈추지 않는 것.

산이 있기에 오를 뿐이라는
평범한 진리가 돋보이는 이 순간!

우리 모두 내일 어떤 목표를 세워볼까!

# 편식

**나쁜 습관 편식**

자신의 건강을 챙기는 것은
삶의 수준을 향상시키는 첫걸음!

음식과 영양은 매우 중요해!

편식은 식단의 다양성을 줄이고
영양을 제한하는 나쁜 습관이야.

영양결핍이나 건강에 적신호가
켜질 수 있다는 사실을 알아야 해.

편식을 극복하고 건강한 식습관을
만들어 나가는 노력이 필요해!

음식을 골고루 먹고 건강한 식습관을
만들어 보자!

신선한 채소와 곡물, 여러 가지 음식을
다채롭게 먹어보자!

한 조각의 과일이나 한 입의 샐러드도
다양한 영양을 담고 우리 몸을 채워준다.

영양소를 균형있게 섭취하는 것이 최고.
함께하는 사람들과 요리 시간을 즐기고
건전한 식생활을 유지하자!

편식의 그물에서 벗어나 건강의 환희를 느껴보자!

# 등대

**내가 빛이 되어줄게**

등대는 고요한 밤바다에 서 있는
미혹과 폭풍을 이겨내는 빛의 기둥.

그 빛은 바다를 항해하는 모든 이들에게
길잡이가 되어 안전한 항구로 이끄는 구세주.

제자여!
너도 인생의 바다에서 너의 빛을 밝혀라.

혼돈 속에서 방향을 잃지 않도록
네 내면의 신념과 지혜를 등대처럼 켜놓아라.

너의 빛이 타인에게도 희망의 길을 제공하리니
때로는 거센 바람과 파도가 등대를 시험하듯

너의 믿음과 결단력도 시험에 들겠지만
꿋꿋이 그 자리를 지키며 빛을 발하는 것이
진정한 용기와 힘의 상징이 되리라!

사랑하는 제자여!

세상이 어둡고 방향을 잃었을 때
너 자신을 믿고, 너의 빛을 밝혀라.

그 빛이 너를 지켜주고, 다른 이들에게도
희망의 등대가 되어 줄 것이니

항상 밝고 굳건하게 자신의 자리를 지켜라!

발자국 따라서 걸어가다 보니 어느새
마음속에는 추억의 향기가 피어나고

지나온 길 위에는 이야기가 새록새록.

나의 발걸음이 그려낸 풍경은
시간이 흐르면서도 변하지 않는다.

한 발짝씩 나아가며
새로운 세계를 발견하는 기쁨.

발자국 하나하나가 나의 라이프!

잠깐 돌아보기

# 취미

**생활의 즐거움**

색색의 실로 바느질을 할 때
매듭이 하나 둘씩 만들어진다.
나의 손끝에는 작은 기쁨이 번져간다.

그림 위에 물감이 스며들며
붓이 춤을 추듯 움직인다.
나의 마음에는 자유가 피어난다.

바람이 부는 언덕 위에서
나는 바람을 타고 나아가며
나만의 세계에 잠겨간다.

시간은 멈추고
모든 걱정은 사라진다.

취미는 나의 작은 세상이다.

# 정거장

**만남과 이별의 장소**

정거장에서 스치는 바람
시간은 서둘러 흘러간다.

떠나는 이에게는 작별의 눈물
남는 이에게는 소중한 기억

버스는 떠난다.

그리고 새로운 이야기를 안고
정거장에서는 인연이 교차한다.

만남과 헤어짐의 공간
갈 때와 올 때의 기대

가는 사람의 등 뒤를 따라
오는 사람의 시선이 부족함을 달래고

정거장에서는 시간의 흐름이 느껴진다.

갈림길에서의 선택
모든 이들이 서로의 길을 걸어가듯이

정거장은 삶의 한 장면
이별의 눈물과 만남의 기쁨을 담아

그리고 버스는 계속 움직인다.
새로운 정거장을 향해 끝없이 달려가듯이

세상을 환하게

백만 년의 시간을 견디며
지구 깊은 곳에서 조용히 태어난
다이아몬드.

거친 압력 속에서도 흔들리지 않고
가장 단단하고 빛나는 자신을 발견하네.

다이아몬드의 교훈이 눈길을 끈다.
인내와 시련이 결국 아름다움을 낳는다고.

힘든 과정을 겪을수록 더욱 강해지고
그 속에서 참된 가치가 드러난다고.

세상이 너에게 상처를 주더라도
그것을 너의 빛나는 순간으로 바꿔라.

시련과 고난을 이겨내며
진정한 너의 모습을 갈고닦아.

다이아몬드처럼, 너도 네 인생에서
가장 단단하고 빛나는 존재가 될 수 있어.

네 안에 숨겨진 잠재력을 믿고
매 순간 최선을 다해 빛나길 바래.

너의 가치를 알고 자부심을 가져라!

세상 어떤 문제에도 집착하지 말고
너만의 빛으로 세상을 환하게 밝혀가라!

# 편지

**손 편지는 감성**

편지 한 통, 종이 위에 쓴 마음
진실된 감정의 흐름을 담아

멀리 떨어진 이에게 전하는 사랑과 생각.

펜 끝이 닿는 순간, 감성이 흐르고
마음에서 마음으로 이어지는 다리가 되네.

편지는 시간과 공간을 넘어
진심이 필요한 곳에 도착하리라.

현대의 빠른 속도에 익숙한 너에게
편지 쓰기는 인내와 세심함을 가르치지.

서둘러 답장을 기다리기 보다는
단 한 사람을 위해 생각하며 쓰는 것.

디지털 메시지 속 빠른 소통에 앞서
가끔 펜을 들고 진심을 담아 편지를 쓰자!

네가 전하는 말 한마디, 한마디가
어떻게 다른 이의 삶에 영향을 미치는지
깨닫게 될 거야.

진실된 말 한마디가 세상을 변화시킨다.
이 순간 누구에게 편지를 써볼까!

주옥같은 마음과 정을 가득 담아
진심을 전하는 편지를 써 보길 바라네.

# AI 인공지능

## 감성 지능 창조

인공지능의 바람이 세상을 휩쓸고
기술의 파도가 새로운 미래를 열었다.

AI라고 불리는 이 프로그램 도구로
너는 세상을 어떻게 바라볼까!

코드와 데이터가 만들어낸 눈으로
세상을 더 넓고 깊게 이해할 수 있어.

하지만 기계의 눈은 너의 눈이 될 수 없으니
네 마음과 영혼을 잃지 않도록 하렴.

AI는 너를 도울 수 있지만
결정은 항상 네가 내려야 해.

기술이 제시하는 길을 따를 때도
네 가치와 판단을 놓치지 말아라.

이 기술이 가져다주는 힘은 크지만
그 힘을 어떻게 사용할지는 네 몫이야.

공정하고, 윤리적인 방법을 선택해
기술이 인류에게 복이 되게 하렴.

21세기 AI 시대를 살아가는 너에게
인간성을 가장 소중한 보물로 여기고

항상 네 진정한 모습을 지키며
인간다운 지혜로 네 삶을 이끌어 가라!

# 도시락

**엄마의 사랑**

도시락 뚜껑을 열었다.
엄마의 사랑이 보였다.

도시락 속의 각양각색 음식들
내 하루에 힘을 주는 에너지.

한 입 한 입 맛본다.
엄마의 손길이 느껴진다.

도시락, 그 작은 상자는
나를 기다리는 가족의 사랑.

도시락 한켠에 작은 메모
언제나 응원하는 말 한마디.

오늘 엄마에게 '사랑해요' 전하기

# 우주선

## 동심의 세계

끝없는 우주 한가운데
수 많은 별들이 장관이네!

은하수를 따라 달려가며
별빛이 나를 감싸주고
나는 우주의 신비에 빠져든다.

우주는 시간과 공간이 뒤섞인다.
과거와 미래가 하나가 되어
나의 꿈을 펼치는 창이 열린다.

우주선은 우리의 용감한 모험가이자
우리의 끝없는 탐험의 동반자이다.

신비한 우리의 여행이 계속된다.

# 3교시 : 파란띠 GO GO 씽~

**강의 주제 : 내 존재감 키우기**

# 마술

**마술 부려볼까**

마술은 꿈의 향연.
우리의 상상력을 자유롭게 눈앞에 펼친다.

어둠 속에서 빛나는 마법의 장면.
우리는 신비로움에 빠져든다.

꿈과 현실이 어우러진 그 순간!

마술은 우리의 꿈을 현실로 만든다.

우리의 목표를 자유롭게 이루어주고
우리의 마음을 신비롭게 만든다.

마법은 꿈의 세계와 현실의 경계를 허문다.

그 속에서 우리는 자유롭게 날개를 펼치자.

# 악기

**감정 표현 도구**

우아한 선율이 공중을 가득 채우며
악기의 소리가 우리를 감싸 안는다.

긴장된 어깨를 풀어주는
악기의 소리는 마음의 안정제처럼
우리를 편안하게 만든다.

강렬한 리듬이 우리를 이끌어가며
감성을 극대화 한다.

악기 소리는 우리의 이야기를 풀어준다.
그 속에서 우리는 우리만의 언어로
세상과 소통하고 있다.

악기는 나의 감정을 표현하는 도구.
우리의 영혼을 촉촉하게 만든다.

# 저녁 노을

**내일도 태양은 뜬다**

저녁 노을이 서서히 물들어가는 시간
하늘은 황금빛으로 물든다.

한 줄기의 아름다움을 발견한다.

저녁 노을의 색감 속에
우리의 마음은 따스함과 평화를 느낀다.

한 줄기 빛이 우리를 비추고
우리의 시간을 멈추게 한다.

가만히 서서 바라보면
저녁 노을은 우리에게 이야기를 전한다.

그 안에는 우리의 소망과 꿈이 담겨있다.

저녁 노을은 마음의 안식처이자
새로운 시작을 알리는 종소리이다.

저녁 노을 속에서 삶의 아름다움을 발견한다.

너희들의 꿈도 이처럼 붉은 노을 같아라!
내일도 태양은 떠 오르니 오늘에 충실해라!

내일의 시작을 알리는 종소리와 같이
오늘의 순간을 소중히 여기며

각자의 길을 걸어가라!

붉은 노을은 저마다의 이야기를 품고
새로운 세계로의 문을 열어준다.

우리의 꿈도 그러하듯이
오늘의 노력이 내일을 빛낸다.

# 과학

**탐구하는 마음**

과학의 세계는 넓고 깊어서
끊임없이 새로운 세상을 탐험하며

지식의 문을 열어가는 길.

서로 다른 분야를 넘나들며
우주의 비밀을 풀어가는 순간

호기심은 새로운 가능성을 찾는다.

과학의 스토리를 공유하고
새로운 지식을 얻어가는 즐거움

과학은 미지의 여행의 시작이다.

호기심을 자극하는 관찰
새로운 세계를 만나며 우리는 성장한다.

허공에 동그라미를 그려 봐
무한한 공간을 감싸는 그 모양

그 안에 너의 가능성이 보인다.

지구도 동그랗고
태양도 동그랗고
너의 꿈도 동그랗고

둥글 둥글 동그란 풍선
작고 조그만 동그라미

우리의 소망과 꿈을 담아
하늘에 두둥실 떠 있네.

# 동그라미
**동그란 꿈**

작은 메모지 한 장에
내 마음을 담아 적는다.

또박 또박 작은 글씨 큰 의미

부모님의 사랑
친구의 우정
인상적인 일상

작은 노트에 기록하는
너의 소중한 순간들

메모는 너의 기억을 지키는 친구
우리의 일상에 의미를 부여한다.

한 장의 메모지에는
너의 꿈과 목표가 담겨 있고

우리의 미래를 향한 길을 안내한다.

작지만 소중한 메모들이
너의 삶을 안내하고
우리의 소중한 순간을 간직한다.

오늘은 어떤 메모 했니?
내일은 어떤 메모 할거야?

메모 하기 전에 유쾌한 에피소드를 만들자!

# 태권도복

**정의의 날개**

하얀 도복을 보면 언제나 설레인다.
당당한 태권도인의 자부심.

도복은 나의 영혼의 상징.

백색의 순수함이 담긴 도복
나의 마음을 정화시켜 준다.

우리의 힘과 용기의 표현

자신감을 갖고 나아가는
새로운 도전의 길을 걷는다.

거울에 비친 나의 늠름한 모습

자신감 넘치지만 겸손하고
바람 앞에 흔들리지 않는

나는 자랑스런 태권도 무예인.

어두운 자에게 나침반이
힘든 자에게 지팡이가 되고 싶다.

훈련이 끝나고 도복을 벗을 때
나는 더욱 강인하고 자신감 넘치는
새로운 나의 모습을 발견한다.

# 종이학

**여여한 모습**

고요한 강위에서 사색하는 학.

홀로 떠 있는 너 외롭지 않니?
내가 너를 위해 종이학을 접어줄게!

혼자서도 여여히 존재를 알리는

너!

흔들림 없는 그 자태가 존경스러워.
나도 치우침 없이 오늘을 살아갈게.

현실을 바로 보고 매일 성숙해 지는
너를 위해 이 순간에도 기도해!

너를 위해 종이학 1,000개를 접어줄게!

# 오케스트라

**웅장한 위엄**

바이올린의 울림이 선율을 타고
트럼펫의 환희가 새들을 깨운다.

오케스트라는 삶의 하모니

피아노의 우아함이 흐르고
첼로의 고운 울림이 맴돈다.

오케스트라는 내일의 비전!

여러 악기들의 조화가
하나로 어우러지는 그 순간

우리는 하나가 된다.

우리의 감성과 이야기를 담아
세상을 아름답게 만든다.

# 거북이
**가장 빠른 느림보**

느릿느릿 걸어가는 거북이

시간은 멈추어 있지만
끈질긴 인내가 흐른다.

따스한 햇살 아래
거북이는 조용히 나아간다.

자신의 속도에 만족하며!

우리는 거북이를 보며
생각에 잠기곤 한다.

무언가를 이루기 위해선
끈질긴 노력이 필요하다는 것을.

느릿느릿 걸어가는 거북이

하지만 그 목표는 분명하다.
계속해서 앞으로 나아가는 것.

제자들아!

빠른 것이 좋을 때가 있지만
그것이 진리는 아니란다.

인내와 꾸준함을 배우고
새로운 도약을 준비하자.

# 삼국지

**영웅들의 지혜**

고대의 무대 위 세 영웅.

삼국을 품은 큰 꿈들 속에서
용맹, 지혜, 충성의 이야기를 통해
인생의 교훈을 하나씩 꺼내보자.

유비는 우정과 신뢰로 사람을 모았고

충실한 형제와 함께 위기를 넘겼지.

관우, 장비와의 우정이야말로
세상 모든 전쟁보다 강한 힘을 발휘했어.

제갈량은 계략과 지혜로 이름을 날렸고
한계를 뛰어넘는 기발한 전략으로 승리했어.

때로는 치밀한 계획이 큰 전쟁에서
가장 큰 무기가 될 수 있다는 걸 보여줘.

손권은 작은 기회를 큰 승리로 만들었고
적과의 동맹으로 위기를 기회로 바꿨지.

유연하고 현명하게 상황을 판단하는 것이
생존과 성공의 열쇠임을 알려줬어.

삼국지의 영웅들처럼 너도
우정, 지혜, 유연성을 배워가며

인생이라는 전장에서 너만의 길을 찾아
용감하고 현명하게 나아가길 바래.

제자여, 삼국지의 교훈을 기억하고
매일 용기와 지혜로 채워 나가라!

항상 너의 가슴 속에 우정을 품으며
큰 꿈을 향해 나아가길 바란다.

# 양심의 소리

**내면의 메아리**

조용한 방 안, 속삭이는 내면의 목소리.

양심이라 부르는, 네 마음의 나침반이야.

그 소리를 듣고, 그 길을 따라가면
항상 올바른 길을 찾을 수 있을 거야.

행동하기 전에 잠시 멈추고 생각해 봐.
네가 할 일이 정말 옳은 일인지.

자신도 자랑스러워 할 수 있는지.
양심은 너를 올바른 길로 인도하는 빛이야.

친구들 사이에서도, 혼자 있을 때도
양심의 소리를 잊지 말고 귀 기울여 봐.

작은 속임수나 거짓말이라도
양심은 그것이 옳지 않다고 말할 거야.

네가 양심의 소리에 귀 기울일 때마다
너의 마음은 더욱 투명해지고

친구들과 선생님, 가족들도
너를 더욱 믿고 의지하게 될 거야.

양심을 친구 삼아, 너의 일상 속에서
항상 옳은 일을 선택하려고 노력해 봐.

그렇게 하면, 네 마음은 평화로워지고
더욱 자부심을 느낄 수 있을 거야.

제자여! 양심의 소리를 따라
용기 있게, 정직하게 살아가길 바래.

그리고 네가 선택한 모든 길에서
양심이 너와 함께하길, 항상 기원할게.

# 아침

**눈부신 하루**

햇살이 살며시 창문을 두드리며
새벽의 어둠을 깨우네.

잠에서 깨어난 세상은
고요한 속삭임으로 가득 차고
새들의 노래가 시작되네.

하루의 첫 걸음을 내딛는 순간
기쁨이 가슴 속에 피어나네.

어제의 걱정은 이슬처럼 사라지고
새로운 날이 내 앞에 펼쳐지네.
아침의 햇살은 따뜻한 약속

하루하루가 그저 감사할 뿐!

나의 마음을 포근하게 해주는
시골 풍경

넓은 들판과 푸른 언덕이
고향의 향수를 느끼게 해

아침이 오면, 새소리
농부의 노랫소리

나의 잠든 감성을 깨우네!

바람은 늘 부드럽고 따뜻하며
별들은 밤하늘을 물들이고

도시에서 찾을 수 없는
평화로움이 흘러나와.

시골은 우리의 고향.

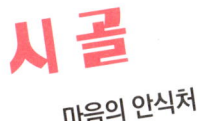

시골
마음의 안식처

# 숫자

**너의 숫자는?**

너는 어떤 숫자를 좋아해?
나에게는 의미 있는 숫자가 있어.

1, 3, 7, 10, 12, 100
나의 일상 속에 숨겨진 Fun

1 새로운 시작의 첫 걸음
하루의 첫 빛이 떠오를 때
기분 좋은 커피 한 잔의 향기!

3 세 가지의 소원
세 번의 깊은 사색.
세 사람 가족을 성원하기!

7 행운이 찾아오는 숫자.
일주일의 끝자락.
한 주의 피로를 저 멀리!

10 완벽한 십의 단위.
열 손가락이 모여 하트 만들기.
모두가 함께하는 축제의 순간!

12 하루의 절반이 되는 시간.
열두 달의 이야기.
한 해의 끝자락에서 나누는 추억!

100 백 가지의 웃음.
백 번의 감사.
인생의 백 가지 이유로 행복해지는 날!

너는 어떤 숫자를 좋아해?

# 퍼즐

**우정의 조각 찾기**

한 조각은 나의 웃음이고
또 다른 조각은 제자의 그리움!

마주하는 모든 순간은 하나의 조각.

시간의 퍼즐 속에서 서로를 찾아가며
스승과 제자는 추억을 만들어 간다.

가끔 조각들이 맞지 않아도
괜찮아!!

우리는 서로를 이해하고 사랑하니까.

끝없는 모험은 계속되고
퍼즐 속의 이야기는 끝나지 않을 거야.

계속해서 조각을 맞추며 웃는다.

너는 누구인가! 제자야!

너는 바람처럼 자유로운가?
너는 바다처럼 깊고 넓은가?

깊은 밤, 달 보다 둥그런 너의 모습.

너는 어디로 향하는가?
너의 시선이 향하는 곳은?

너가 기다리고 있는 것은?

작은 거인 나의 제자야 ~

너의 이름을 빛내라!
너의 발자취를 남겨라!
너의 눈빛을 남겨라!

**누구?**

**존재의 소중함**

# 가족

**따뜻한 품**

집으로 돌아오는 길

저 멀리서 반짝이는 불빛
그곳은 가족의 따뜻한 품!

늘 사랑이 머물고
웃음이 가득한 안식처.

엄마의 따스한 손길
아빠의 든든한 어깨.

형제자매의 장난스러운 웃음
모두가 모여 미소로 화답.

부엌에서의 웃음 소리
아침마다 울려 퍼지네!

저녁마다 둘러앉아 나누는
따뜻한 밥 한 끼.

모든 순간이 사랑으로 채워져.

힘든 날엔 서로의 손을 잡고
기쁜 날엔 함께 박수치네.

눈물이 날 때면
포근한 어깨가 되어주는 가족.

기쁠 때면
함께 기뻐해주는 소중한 사람들.

가족은 우리의 순수한 영혼

항상 그 자리에서 반겨주네.

# 기억

**기억을 기억하기**

기억은 시간의 흐름 속에

고이 간직된 보물.

잊혀질 듯 아련한 순간들이
가슴 속에 여전히 살아있네.

어린 시절, 맑은 웃음소리
햇살 가득한 여름날의 뜰.

친구와 함께 달리던 그 길
그 모든 순간이 마음 벅차!

이성의 설레임

우정의 약속

그 모든 감정들을
기억의 책장에 보관하자!

때론 눈물, 때론 웃음으로
되새겨보는 지난 날들.

우리의 마음 속에 영원히 남아.

시간이 지나도
늘 우리 곁에 머물며

따스한 위로가 되어주네.

기억의 조각들로
우리는 오늘을 이어가고

내일을 기다린다.

**내 마음 넓히면 돼**

제자여, 듣거라! 이 지혜의 말을
진정으로 사랑받고 존경받는 법을.

마음을 훔치는 자가 되려거든
먼저 네 마음을 넓혀라.

인간의 아픔을 이해하고
그들의 기쁨에 동참하라.

휴머니스터!

단순히 말 잘하는 자가 아니라
진심으로 타인의 말에 귀 기울이는 자.

그들의 이야기에 깊이 공감하며
그들의 고민에 함께 눈물 흘리는 자.

관대함으로 너의 마음을 채우고
자비로운 손길로 다가서라.

작은 친절과 따뜻한 미소로
낯선 이들의 하루에 빛을 더하라.

사람의 마음을 훔치는 법은

무엇보다 진실함에서 시작된다.

가식과 거짓 없이
너의 순수한 진심을 보여주며

사람들에게 참된 자신을 드러내라.

그러면 네게 이끌린 사람들은
네가 가진 깊은 인간애에 감동하여

너를 사랑하고 신뢰할 것이다.

참된 휴머니스터가 되길 바라노라!

#

**나의 가치는?**

매일매일 네가 만드는 선택
그리고 네가 걷는 길이 모여
너라는 브랜드가 탄생한다.

너의 말
너의 행동
너의 생각

모두 모여 너의 이야기를 만들고

세상은 그를 통해 너를 알아본다.

너만의 브랜드를 창조하라!
그것은 너의 열정에서 시작된다.

너의 가장 큰 관심사와
너의 가장 깊은 가치들을 담아

진정으로 너 다운 것을 표현하라.

너만의 브랜드를 만들어라!

너는 세상에 하나뿐인
특별하고 소중한 존재이다.

누구도 대신할 수 없는
오롯이 너만의 색깔과 목소리로

자신만의 길을 걸어라.

너의 이야기를 써내려 가라.
너만의 자리를 확고히 하라.

이것이 스승이 너에게 전하는 가르침.
이를 마음에 새기고 담대히 나아가라!

# 변함과 변화

**다르면서 비슷**

변함은 새벽의 이슬처럼
오고 가는 것.

무상하고 잠깐뿐인 순간들이
서로를 이어 세월을 짓는다.

변화는 강물이 바위를 깎듯
오랜 시간 동안 조용히 작용하여

그 모습을 완전히 새롭게 하는 힘.

깊고 넓은 계곡을 만들어 낸다.

변함은 일상에서 찾아오는
작은 시험들로 여기거라.

하루가 달라지고, 계절이 바뀌며
때론 기쁨과 슬픔이 교차하는 것.

그러나 변화는 스스로 선택한
의미 있는 여정.

자신을 발전시키고
더 나은 내일을 향해 가는 길.

제자여, 변함을 두려워하지 말고
변화를 두려워하지 말라.

모든 변함 속에서 변화를 찾고

그 속에서 자신의 길을 찾아라!

흔들리는 잎새 하나하나도
자신의 존재를 찾아간다.

# 기타
**너를 위한 연주**

고요한 방 한켠에 놓여진 기타.

나무결에 새겨진 시간의 흔적들.

손끝에 닿는 차가운 현이
따뜻한 소리로 변하는 감성!

첫 줄을 튕기면 퍼져나가는 울림.
세상을 가득 채우는 멜로디.

고요함을 깨우며
영혼 깊숙이 스며드는 소리.

기타는 말하지 않아도
모든 감정을 노래해!

기쁨, 슬픔, 사랑, 그리움

너를 위한 연주는 기쁨이야!!

# 4교시 : 빨간 띠

## 달빛 그림자

강의 주제 : 꽃보다 아름다운 너

# 포옹

**값진 온기**

따스한 손길이
내 어깨에 닿을 때

세상의 모든 무게가
가볍게 느껴진다.

심장의 소리가
서로의 귀에 들릴 때

말 없이도 전해지는
진심의 외침.

내일의 불안도
어제의 아픔도

그 짧은 순간에
모두 사라진다.

# 아뿔싸

**아~차 하하**

아뿔싸, 한순간의 실수
손끝에서 놓친 작은 기회.

머릿속에 맴도는 후회들
시간은 되돌릴 수 없음을 알면서도

내 발걸음이 멈칫했던 그 순간

말하지 못한 말, 전하지 못한 마음

뒤돌아보면 아쉽기만 한 기억들!
그 순간을 다시 잡고 싶지만

아뿔싸, 삶은 그런 것!

완벽하지 않아도 괜찮아.

우리는 실수로부터 배우고
그 속에서 성장해 나가는 존재.

넘어져도 다시 일어나
아뿔싸, 웃으며 털어내고

앞을 향해 나아가는 용기.

그것이 바로 우리 인생!

아뿔싸, 작은 실수 속에서도
희망의 빛을 찾아내.

어둠 속에서도 길을 찾아가는
너는 강한 존재!

좌절 속에서도 포기하지 않는

너는 언제나 다시 시작해.

**난 에디슨, 아인슈타인**

엉뚱한 상상

평범한 일상에서 벗어나
머릿속에 그리는 창의적 아이디어

에디슨, 아인슈타인을 닮았어!

길을 걷다 문득 떠오르는 생각
하늘을 나는 고양이와 춤추는 나무.

말도 안 되는 이야기지만
그 가운데 발명이 나오지!

엉뚱한 생각들이 우리를 웃게 하고
때로는 깊은 깨달음을 준다.

누구도 예상치 못한 방향으로
세상을 새롭게 바라보기.

엉뚱한 길을 가다 보면
뜻밖의 발견과 마주치고

나만의 길을 찾아

자유롭게 꿈을 꾸며 나아간다.

정해진 틀을 깨고 나와
엉뚱한 상상의 날개를 펴고

끝없이 펼쳐진 가능성에서
나는 나만의 이야기를 써 내려간다.

엉뚱함은 나의 힘!
세상의 기준에 얽매이지 않고

나만의 색깔로 빛나는 삶

엉뚱한 나, 그래서 더욱 특별해!

**내면의 깊이**

조개가 깊은 바다에서 진주를 키우듯
너의 내면에서 깊이를 넓혀가는 과정.

한계를 넘어서려는 욕망

늘 새로움을 탐구하고 싶은 마음의 소산.

뿌리는 깊게, 가지는 높게 뻗어라.

지식의 나무를 키우듯이
그리하여 그늘을 널리 만들어

지친 영혼들에게 피난처를 제공하리라.

단순히 공간의 넓이만이 아니야
정신의 경계를 확장하는 것.

모든 가능성에 문을 열고
새로운 이해를 향해 걸어가는 것.

소금기 많은 바람에도 굽히지 않는 나무.
폭풍 속에서도 더 높이 뿌리를 내리고

강인하게 자신의 길을 개척하라.

그대가 마주칠 시련 속에서도
그대의 학문과 정신은 더욱 깊어질 것.

제자여, 이 크고 넓은 세계에는
배울 것이 무궁무진하니

항상 호기심을 간직하고

진리의 수평선을 향해 나아가길.

# 침묵
**자아 발견하기**

저 깊은 바다
보이지 않는 곳에
고요히 숨 쉬는
비밀의 세계가 있듯이

우리 마음도
겉으로는 알 수 없는
깊은 곳에
수많은 사연을 안고 있네.

거울에 비친 너의 얼굴
웃고 있지만
그 안엔 누구도 모를
고민이 흐른다.

차가운 표정 뒤에
뜨거운 열정이 숨어 있고
침묵 속에 감춰진
무수한 말들이 흘러가네.

그 깊이를 헤아릴 수 없고
누구도 다 알지 못할
내면의 깊이는
끝없는 미로 같아.

그러나 가끔씩
그 깊은 곳에서
순간의 광명이 비출 때
우린 비로소 진정한 나를 만나네.

인내의 길!

견디어야만 빛나는 길.

험난한 그 길 위에 서서
힘찬 발걸음으로 나아가라.

수련의 흔적을 남기며
땀방울이 샘솟는 곳에서

진정한 힘을 깨닫게 되리라.

날마다 도전을 극복하는
너의 의지가 강해지면

**극복의 위대함**

그 모습이 곧 스승의 자부심!
태권도의 길은 인내의 길.

견디는 이에게만 비로소
그 참된 가치가 드러나리라.

세월이 지나면, 너가 견뎌낸

시간이 모여 위대한 증거가 되리라.

성급함을 버리고 한 걸음씩
꾸준히 나아가는 그 길 위에

너의 인내가 가장 큰 가르침이 될 것!

## 하얀 세상

나는 소리 없이
찾아와 네게 머물러.
가벼운 숨결로
너를 감싸지.

한 줌의 낭만으로
온 세상을 덮으며
때론 너의 마음을
사로잡지.

겨울이 되면
모두가 나를 기다리고

봄이 오면
나를 떠나보내지.

나는 누구일까?

# 묵언
**듬직한 말**

지혜의 묵언.

가르침은 바람, 깨우침은 빛.

바람으로 잡념을 날려버리고

빛으로 어둠을 밝혀라.

고요한 마음으로 수련하라.

행동에는 결과가 따르며

선택은 너에게 달려 있다.

지혜는 매사 걸림 없는 방편.

때로는 말 없는 자가 아름답다.

# 저금통
### 나는 저축왕

든든한 친구, 우리의 저금통아.

작은 틈새로 넣은 동전들이
시간이 흐르며 쌓이고 쌓여

너 마음속에 소중한 자산이 되어간다.

너의 소망을 기약하며
미래의 꿈과 목표를 담아

차곡차곡 쌓이는 희망의 약속.

매일 조금씩 넣는 그 작은 동전
인내심과 꾸준한 노력의 결실.

큰 꿈을 이루기 위한 첫 걸음이자
힘든 시간을 견디고 간직한 결실.

언제나 내 곁에 있어줘.

# 비밀요원 007

**태권도 영웅 007**

비밀 요원 007, 세상을 구하는 영웅
슈트와 권총 그리고 멋진 자동차.

스파이의 세계에는 위험이 가득하고
그에 맞서는 용감한 영웅의 모습.

007은 적을 추적하고 악당들을 물리친다.
세상의 안전을 위해 모험을 한다.

그의 임무는 항상 위험하지만
결코 불가능한 임무가 없다.

007의 액션은 우리를 감동시킨다.
비밀 요원 007, 영원한 전설!

나의 제자는 태권도 영웅 007이다!

# 칭찬
**너는 최고야!**

따뜻한 말 한마디, 작은 미소 하나
칭찬은 사랑과 관심의 또 다른 표현.

우리의 마음에 환희를 주네.

어린아이의 작은 성취에도
진심 어린 칭찬을 아끼지 말자.

그 칭찬이 날개가 되어
아이의 꿈을 하늘 높이 날게 하네.

서로에게 건네는 칭찬의 한마디

그 말 속에 담긴 인정과 존중.

소년 소녀는 칭찬을 먹고 자란다.
그 마음 속에 자신감을 키우네.

힘들고 지친 하루 끝에
누군가의 칭찬은 위로가 되어주네.

"잘 했어" "고마워" 그 말들이

서로의 마음을 따뜻하게 감싸네.

칭찬은 빛나는 별
어두운 밤하늘을 밝히는 등불.

서로를 향한 작은 칭찬이
우리를 더 나은 사람으로 만드네.

진심 어린 칭찬은 거짓이 없고
그 마음엔 평화로운 하루의 연속.

누군가의 마음을 움직이는 칭찬
그 힘을 우리는 잊지 말아야 한다.

밝고 따뜻한 세상을 만들어가자.

# 강철

**불굴의 투지**

강해져라! 제자여!

약하면 빼앗긴다는 것을 명심하라.

세상은 때로는 냉혹하다.
너의 소중한 것들을 지킬 힘 없이는
그 어떤 것도 보호할 수 없다.

부드러운 마음과 착한 뜻만으로는 부족하니
너가 지켜야 할 것들을 지키기 위해
강인한 정신과 체력을 기르는 것이 중요하다.

태권도의 길을 따라 힘을 기르면
너의 정신과 몸은 더욱 강해져.

세상의 도전과 시련을 이겨내는 자가 되리라.

힘을 가짐에는 큰 책임이 따르니
너의 힘을 올바르게 사용하고

약자를 보호하며 정의를 위해 서라.

강함은 오만이 아닌 겸손에서 시작되며
참된 강자는 스스로를 낮추는 것을 알아야 한다.

너의 길이 험난하더라도 두려워 말고
너의 강함과 끈기가 신의 경지로 안내하리라.

제자여, 오늘의 한계를 시험하고
내일은 오늘보다 더욱 강해져 거듭나길 바란다.

그리하여 세상 앞에 당당히 서는 너를
이 스승은 항상 응원하며 지켜보겠노라!

# 비타민

**누구나 꼭!**

비타민은 필수!

비타민D, 뼈를 튼튼하게
비타민C, 감기 막는 작은 기적.

채소의 비타민A, 눈을 밝게 하고
비타민E, 젊음을 지켜주네.

견과류 비타민K, 혈액을 건강하게
비타민은 자연의 귀한 선물

매일 섭취하며 건강을 지키자.
밝고 활기찬 하루를 위해!

자연이 준 이 선물로
우리 삶을 더욱 풍요롭게!

# 타잔
## 정글의 리더

정글은 대자연의 원초

푸른 잎사귀, 무성한 나무들
수 많은 생명들이 숨 쉬는 땅.

조용한 아침, 새들의 노래
야생의 힘이 느껴지는 곳.

정글의 법칙은 생존의 지혜
강한 자만이 살아남는 곳.

끝없는 초록의 세상
그 안에 숨은 무한한 신비.

정글의 평화를 리더하는
너는 밀림의 타잔!

# 약속

**무한한 신뢰**

우주는 서로 약속에 의해 운행하기에
별들은 무궁무진한 존재감을 보인다.

시간이 흐르고 계절이 바뀌어도
우리가 맺은 약속은 흔들리지 않으리.

스승은 너의 행복 위해 동행하는 존재.

바람이 불어도, 비가 내려도
굳건히 지켜야 할 우리의 맹세.

신뢰란, 금보다 귀한 보석
서로의 눈 속에 반짝이는 믿음.

약속은 그 신뢰의 다리
우리를 더 가까이 해주네.

때론 유혹과 시련이 찾아와도
흔들리지 않는 약속이여!

제자에게 전하는 작은 약속

큰 가르침이 숨겨져 있다.

우리 모두 약속의 의미를 알고
서로를 더욱 아끼며 살아가자.

삶이란 약속의 연속

그 끈을 놓지 않는다면

우리는 언제나 함께
밝은 미래를 향해 나아가리.

하늘과 땅은 서로 반대지만
서로 필요로 해.

빛과 어둠은 서로 대립하지만
서로 필요로 해.

푸른 바다에 거친 파도가 일지만
서로 필요로 해.

서로 보완하고 균형을 이루는 세상

너와 나, 서로 다르지만
깨닫고 보면 우리는 하나!

함께 세상을 창조해 나갈까?

**한쪽이 쏠린다면 꽈당!**

# 심부름
**칭찬 듣기**

어릴 적 엄마의 손에 쥐여진
작은 쪽지 하나.
가슴에 품고 뛰며
동네 가게로 향하는 길.

햇살이 따사롭게 비추는
골목길을 따라 걷고
발걸음은 가벼웠다.

작은 심부름이 주는
큰 책임감을 느꼈다.

어른이 되어도 잊지 못할
그 날의 기억!

심부름에 담긴 사랑과
성장의 의미를 되새긴다.

# 자만

**겸손한 내 모습**

자만은 금물

높은 곳에 올랐다 하여
세상의 주인공이 된 듯

하지만 허울뿐인 모습.

자신만이 옳다 믿으면
오만한 마음에 갇히네.

겸손함을 잊어버린 채
산 정상에 홀로 선 자.

찬란한 햇빛을 누리나
바람이 불어올 때마다

불안함에 흔들린다.

완벽함을 추구하되
겸손함을 간직해야 한다.

자만을 멀리하라!

친구 사이에 벽을 쌓고
자신을 고립시키는 순간

소중한 이들의 손길은
점점 멀어져 간다.

겸허함 속에서 피어나는
진정한 아름다움과 지혜여!

자만을 버린 그 자리엔
새로운 성장이 싹튼다.

여러 가지 재료가 섞인 그릇
색다른 맛과 향이 어우러진다.

매콤한 고추장, 달콤한 고추장

쌀밥 위에 담긴 각양각색의 음식
한 입에 먹으면 그 맛이 일품!

비빔밥은 다양한 이야기가 담겨있다.

서로 다른 맛이 조화를 이룬다.
삶의 다양한 경험과 감정을 담은 듯하다.

비빔밥을 먹으며 느끼는 즐거움
함께 먹는 친구와 나누는 대화.

한 그릇의 비빔밥 속에는
가족과 친구, 사랑이 담겨있다.

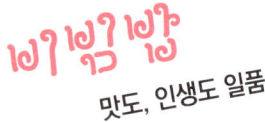
맛도, 인생도 일품

낚시는 인내와 집중의 과정
고요한 순간을 즐기며
깊은 바다와 하나가 된다.

인생의 가치 있는 순간은
오랜 기다림 끝에 찾아온다.

성급함을 벗어던지고 결과를
서두르지 않는다.

한결같은 마음으로
꿈을 향해 나아간다.

**낚시**
성공을 낚다

자연과의 조화 속에서
인내심을 길러가는 일.

우리의 일상에서도
그 가치를 발견할 수 있다!

# 형제

**첫 번째 친구**

형제는 너의 첫 번째 친구
함께 웃고 울며 자란다.

서로를 이해하고 존중하며
함께 성장하는 소중한 존재!

형제의 유대는 너에게 힘을 주고
너를 일으켜주며 용기를 준다.

검소함은 소박한 삶의 지혜
마음의 평화를 발견하는 길.

검소한 삶에서 진정한 풍요를 찾고
소소한 것에 감사하며 만족한다.

그 우정은 무엇과도 바꿀 수 없다.
형제와의 관계를 소중히 하라!

**낭비의 탈출**

절약은 소중한 덕목이요.
낭비로부터의 탈출이니

합리적으로 소비해야
안정된 삶을 살 수 있다.

사소한 지출도 신중히 하여
미래를 위한 저축에 힘써라.

소박한 삶의 가치를 알고
소소한 것에 감사하며 산다.

절약은 작은 것에서 시작해
큰 행복을 만들어 나가는 여행.

절약의 미덕을 실천하여
풍요롭고 균형잡힌 삶을 이루자!

# 우쳬통

**손 편지 쏙**

우체통은 소중한 소통의 창구
친구와 가족의 소식을 받는 곳.

편지 한 통이 마음을 전해주고
그리움은 쌓여간다.

우체통은 추억과 감동의 저장소.

비록 21세기 디지털 시대에도
옛날의 로망은 변하지 않는다.

작은 편지 한 장에는
많은 의미와 사랑이 담겨져 있다.

우체통은 우리를 가까이 해주고
서로의 마음을 나눌 수 있는 공간.

내 집앞에 우체통은 어디에 있을까!

파라다이스를 꿈꾼다.

신비한 숲과 푸른 바다
대자연의 숨결이 엄마 품 같네.

파라다이스에서는 시간이 멈추고
우리는 영원한 평화를 누린다.

바람이 솔솔 부는 쉼터
우리는 꿈을 꾸고 휴식을 취한다.

앞으로 펼쳐질 모든 가능성
꿈과 희망의 새로운 시작.

파라다이스를 찾아 떠나는 섬
친구야! 나랑 파라다이스 갈래?

**대자연의 숨결**

# 3인 3색

**우린 삼총사**

각자의 색을 가진 세 사람
다채로운 삶의 향기를 뿜어낸다.

하나는 붉은 열정의 불꽃
두 번째는 청록색의 차분한 물결

세 번째는 노란 햇살처럼 밝은
긍정과 희망이 넘치는 모습이다.

세 사람이 모여 하나의 풍경을 이루며
다양한 생각과 감성이 어우러진다.

서로 다른 색이 만나는 그 곳에서
우리는 환상적인 조화를 발견한다.

붉은 열정이 청록과 만나면
새로운 창조의 탄생을 경험한다.

노란 햇살이 그들을 비추며
희망의 길을 밝혀준다.

매일 새로운 색채를 입혀가며
삶의 고즈넉한 향연을 즐긴다.

세 사람이 모여 삼총사를 이루며
3인 3색의 진가를 발휘한다.

나와 삼총사 맺을 친구가 있다면

여기 붙어라! 엄지척!

# 5교시 : 검정띠
# 행복의 귀환

**강의 주제 : 통찰력 키우기**

# 거울 속의 나와의 대화

**나는 나를 사랑해**

나 "안녕, 거울 속 나야."
나 "안녕, 나. 오늘은 어떤 기분이야?"

거울 "조금 지친 것 같아. 힘들어 보여!"

나 "그래. 우리 모두 조금은 피곤한 날이지."
나 "하지만 우리는 강해. 언제나 앞으로 나아가는 거야."

거울 "맞아. 우리의 내면은 강하고 아름답지."
나 "그렇지. 우리는 우리 자신을 사랑할 자격이 있어."

거울 "그렇다면, 오늘도 우리의 모습을 사랑해보자."
나 "거울 속 나야. 함께 걸어가자."

# 바람의 언어를 이해하는 법

"오늘은 어떤 바람이 불지? 바람을 타 볼까?"

바람은 우리에게 다양한 모습으로 다가온다.
바람의 성격을 통해 우리 삶의 교훈을 얻을 수 있다.

부드러운 바람: 가벼운 바람은 우리에게 참을성을 가르쳐준다. 우리는 가벼운 바람이 불 때 우리 주변의 아름다움을 감상하며 감사하는 마음가짐을 갖도록 배울 수 있다.

강력한 바람: 강력한 바람은 변화와 도전을 의미한다. 우리는 강력한 바람이 불 때 도전에 맞서고 자신 내면의 강함을 발견할 수 있다.

차가운 바람: 차가운 바람은 인내와 용기를 가르쳐준다. 차가운 바람이 불 때에도 내면의 따뜻함을 유지하고 용기를 가질 수 있다.

온화한 바람: 온화한 바람은 평화와 안정을 가르쳐준다. 온화한 바람이 불 때 마음을 진정시키고 내면의 평화를 찾아야 한다.

# 학교의 노래

**그리운 교실**


학교야, 너의 문이 열리면
나의 지식의 문도 열린다.

마음에 새로운 꿈을 심어주는 곳!

수학의 노래가 흐르고
과학의 비밀이 풀리며
문학의 세계로 날아간다.

친구들과 함께 손잡고
우리 모두 함께 성장하는 곳!

실패의 격려도 들리고
성공의 박수도 울리며
우리 자신을 발견하고 성장하는

나의 학교야!

# 무인도에서 혼자 산다면
## 필수품 세 가지!

"그러니까, 무인도에서도 우리는 창의적이고 유머러스하게 생각할 수 있어요"

푸른 하늘 아래 혼자 무인도에 남겨졌다면, 너는 어떤 필수품을 선택할 거니?

첫 번째로, 무지개 색깔의 햇빛을 선택했어요. 왜냐하면 그건 무한한 활력과 생명력을 주기 때문이죠! 그래서 매일 아침 일어나면 무지개 색깔의 햇빛으로 활력을 얻을 수 있을 거예요.

둘째, 구름 모자. 이 모자를 쓰면 무인도에서도 편안하게 구름 위를 걷는 느낌을 경험할 수 있을 거예요. 비가 오면 구름이 내려와서 나를 보호해 줄 거고, 맑은 날에는 하늘을 바라보며 자유로운 마음으로 놀 수 있을 거예요.

셋째로, 은색 푸른 불빛을 내는 나침반을 선택할 거예요. 왜냐하면 그것은 나에게 무인도의 비밀스러운 장소들을 보여줄 거예요! 푸른 불빛은 나를 무인도의 숨겨진 보물들로 안내해 줄 거예요.

# 생 일

**오늘 생일 축하해~**

너가 태어 난 날
세상은 더욱 아름다워졌어.

삶의 기쁨을 함께하는 이들
우리는 너의 모든 순간을 축복해.

시간은 흘러가지만
너의 존재는 웃음과 희망으로 가득차.

오늘은 특별한 날
너의 탄생일이야!

우리의 마음에서
행복이 넘치고 사랑이 넘쳐나.

생일 축하해, 사랑하는 너에게.

# 시인과 원시인, 유쾌한 만남

"시인이 될까? 원시인 될까?"

어느 날 시인이 원시인을 만났다. 서로 다른 문화권에서 온 그들. 엉뚱한 대화가 유쾌하다. 시인은 말투가 감성적이었고, 그의 말에는 시적인 우화가 넘쳐났다. "달빛이 내 맘을 태워, 나의 영혼은 어디론가 향하네."라고 시인은 말했다.

원시인은 이 말에 당황했지만, 곧 자신의 방식으로 대답하기 시작했다. "달이 내 마을을 밝혀주고, 나는 밤에 꿈을 꾸네."라고 원시인은 말했다.

그의 화답은 나름 의미가 있었다. 시인, "단순함이 아름다움의 정수이니, 너의 원시적인 아름다움은 나의 시로 녹아들 것"

원시인, "그러나 시는 가끔 너의 강렬한 아름다움을 담아내지 못할지도 몰라. 그래서 나는 너의 원시적인 아름다움을 더 소중하게 생각해" 이렇게 시인과 원시인은 서로를 이해하고 존중하며 많은 것을 배울 수 있었다.

감성적인 시인과 원시적인 원시인이 만나 넌센스한 이야기를 나누는 모습은 호탕한 웃음을 준다. 서로의 다양성을 인정하는 것이 얼마나 소중한 일인지를 깨달아 가자!

**【 에필로그 Epilogue 】**

# 좁은 길(흙수저), 큰길(금수저)

좁은 길과 큰 길이 있다면, 스승은 좁은 길을 선택할 거야. 좁은 길은 도전과 성장을 위한 기회를 제공하고, 더 깊이 있는 경험과 의미를 찾을 수 있기 때문이야.

때로는 어려움이 있지만, 그 과정을 통해 더 많은 것을 배울 수 있어. 너는 어떤 길을 선택할래? 흙수저, 금수저라는 말이 있지만 누구나 다 금수저가 될 수는 없어!
그래서 중요한 것은 자신만의 길을 찾아가는 거야.

꽃이 일찍 피면 그것은 대자연의 순리를 거스른 거지.
바람도 맞고, 비도 맞고, 추운 겨울도 극복해야 한 송이 꽃이
피는 거라는 진리를 깨달아야 하는 이유야.

제자들아~
남과 비교하지 말고 너만의 길을 걸어가렴!
곧 꽃길이 보인다.